AF435738

SENDAS DE LUZ Y DE SOMBRA

MILAGROS JIMÉNEZ HIDALGO

SENDAS DE LUZ Y DE SOMBRA

EXLIBRIC

ANTEQUERA 2018

MILAGROS JIMÉNEZ HIDALGO

SENDAS DE LUZ Y DE SOMBRA

A mi hijo Jose Antonio con todo mi amor

En el fondo un poema no es algo que se ve, sino
la luz que nos permite ver. Y lo que vemos es la vida.
ROBERT PENN WARREN (1905-1989)

INTRODUCCIÓN

1. Mirada general.

No es este el primer libro de poesía de Milagros Jiménez ni Dios quiera que sea el último. En 2013 publicó *Luque: reflejos del ayer,* con poemas y relatos que recuperaban recuerdos y leyendas, personajes y sucesos, lugares y celebraciones de su pueblo natal, conformando en conjunto una visión y una vivencia nacidas en la infancia y prolongadas hasta la actualidad. Hoy, en *Sendas de luz y de sombra,* se abre a otras extensiones menos locales, más arraigadas en el ser humano no específico y abiertas a una resonancia lírica universal. Celebremos la nueva perspectiva.

Componen la presente colección 62 poemas, tan diversos en su contenido y forma, como coincidentes en un único latir, en un solo tenor poético. La radiografía de la obra de cualquier gran autor de la gran literatura no suele mostrar más de una o dos temáticas predominantes —si no únicas— y, en lo fundamental, poca variedad de lenguaje, entendido este término en su más hondo sentido. Por eso, el lector pasará, al discurrir por las *Sendas,* de un poema breve a uno más extenso, del verso corto al amplio, del regusto clasicista a experiencias más actuales, de la "luz" a la "sombra", etc., sin notarlo, pues no sale de una misma y única atmósfera literaria, de un mismo y único mundo sentimental. En ellos, como manifestaciones de una actitud personal, integra Milagros todas las voces y todos los modos venidos del acá y del allá más dispares. Para que conste, parece decirnos el libro, esto y esto y esto…, cada poema, son parcelas, facetas, tonalidades de una sola alma, que busca, así, el corazón, uno y diverso también, del lector. Alma literaria que ya vislumbramos en Luque: reflejos del ayer.

En el mensaje poético, tanto importa el fondo como la forma, el contenido como el continente, lo que se dice como la manera en que se dice. Diríamos que es un regalo, una flor, una lágrima, un juguete, un grito…, cuyo *envoltorio* vale tanto como lo *envuelto,* y ambos se funden y se ofrecen indisolubles al público como maravilloso obsequio. Más aún, según suelen decir los expertos, a veces el contenido es la forma, o sea, lo envuelto es misteriosamente, místicamente, el envoltorio. Varios poemas de Milagros Jiménez así lo testimonian, como veremos.

No obstante lo dicho, en esta introducción a *Sendas de luz y de sombra,* en la que me propongo brindarles a ustedes algunas claves de interpretación y disfrute de los poemas que forman el libro, tengo que hacer distinciones, separar lo que es inseparable en el acto real de creación y lectura. De este modo, escribiré un primer bloque sobre el contenido, lo *envuelto,* y luego un segundo apartado sobre la forma, el lenguaje, la *envoltura.* Procuraré, no obstante descubrir hilos de correspondencia entre uno y otro componente, como modo de mostrarles algunas hebras de unión, que cada uno de ustedes ampliará después. Vayamos pues ya directamente a los versos.

2. El contenido, lo *envuelto.*

La poesía no se destina a informar, a ordenar, a enseñar…, como otros tipos de textos más comunes. Su fin es expresar y conmover. Expresar sentimientos, vivencias íntimas, impresiones, emociones, estremecimientos, pasiones, sensaciones, deseos, esperanzas…, reales o imaginadas por el poeta. Y conmover al público, para que broten en él parecidos estados de ánimo. De todo ello es buena muestra, extraordinario modelo, este libro de Milagros.

¿Qué nos transmite, que envuelven esos versos, esas palabras…? El primer signo e indicación de todo lo que encierra el poemario corresponde al título, muy elocuente por demás: "luz" y "sombra". Neta contraposición de dos metáforas, mejor diría *macrometáforas,* que esconden otras tantas visiones o versiones, tonalidades, sacudidas, componentes, apariencias… de la vida, en el más amplio sentido de la palabra. Ni todo es belleza, satisfacción, gozo, buena fortuna, bondad, salud…, ni todo es desgracia, fealdad, tristeza, maldad… Pero ambas están presentes, quizás a partes iguales, e indisolublemente unidas en nuestra existencia, en quienes nos rodean, en el escenario de la naturaleza.

La poesía de Milagros percibe, siente, y manifiesta la realidad de forma dual, "luz" y "sombra", como de verdad es. En esencia resulta de una lente bicolor, que descubre el mundo iluminado junto al oscuro, el sol radiante tras la lluvia, el día antes de la noche…, y contempla, y se inquieta o vibra, llora o glorifica, se apaga o se inflama de goce… por ello. Se trata de un binomio de aplicación transversal y está presente en todos los temas de que trata el libro, bien sea el amor, el paisaje, la vida humana, etc. Como inmediatamente diré, veremos las dos caras del amor, de la persona, del espacio circundante, de la sociedad, de las relaciones. "Luz" y "sombra" son, se llama a los diversos, y aun opuestos, vestigios que el camino -las "sendas"- de la vida deja al andarlo, según la filosofía poética que sigue.

Los núcleos temáticos del libro, al menos los esenciales, son estos: el amor, la existencia humana, la naturaleza, la sociedad. Hablaré un poco de cada uno, desentrañando brevemente su diseño semántico bipolar, que a veces se incluye en un mismo poema y a veces se diferencia en varios. Cuando pase a la forma, el envoltorio, veremos cómo gran parte del componente retórico obedece al mismo patrón bipartito, que permite apilar los recursos en dos grupos, los de la "luz" y los de la "sombra". Es un esquema que estructura de principio a fin, de arriba abajo, el libro.

A. El amor.

A lo largo y ancho de toda la literatura universal, seguramente no hay un tema más permanente que el amor. Atraviesa épocas y fronteras, penetra en los diferentes géneros, mueve a la inmensidad de los autores… Deben contarse por cientos de miles las veces que el sentimiento amoroso ha sido asunto de textos literarios y otro tipo de obras, como el cine o la música. Es uno de los motores y núcleos del arte, es una pasión indiscutiblemente unida a la esencia humana. Así, y como no podría ser de otra manera, en el libro de Milagros Jiménez, los poemas de amor son los más numerosos, ocupan hasta un 30% del total.

El amor lleva a la felicidad y la alegría, cuando encierra posesión o mantiene la esperanza; o bien provoca congoja, tortura, desesperación, cuando se pierde o resulta negado. Se trata de la "luz" y la "sombra", que en el terreno del amor se reparten por igual el ámbito de la temática amorosa en este libro, no en vano titulado *Sendas de luz y de sombra*.

Entre los poemas "luminosos", la voz amada, *"que hechiza el aire"*, *"que seduce el espacio"*, obra el milagro *"y el presente / ensancha su tiempo / y empapa la mente recelosa / con la verdad de tu ser. / Entonces, el acento / se vuelve verso / y la melodía / conquista de nuevo / el hoy, / un hoy renacido / que canta a la vida / y acaricia con mimo / los sentidos"* ("Oigo tu voz", 5). Otras veces la señal y resorte del amor es la mano, *"tu franca mano de alba"* […]/, *"el lugar donde florece / el pleamar de mi alma"* ("Cojo tu mano", 13). Mientras duerme el o la amante, *"…súbitamente / emerges tú / y sublimas el instante / y la noche / se viste de gala / y te sueño…"* ("Y te sueño", 16). En respuesta a una *"llamada"* o requerimiento, se encenderá la pasión y *"no habrá montañas abruptas / ni cimas / de frío hielo / ni glaciales / desangrados / ni océanos turbulentos / ni ríos / de negra furia / que a mi amor / le pongan freno."* ("No me llames", 26). El poderoso deseo del goce físico, sensual, revive irrefrenable: *"Morir entre tus brazos yo quisiera / esta tibia madrugada impura, / rozar tu piel, subir por tu cintura / hasta estrecharme / y confundirme a ritmo lento / con los poros que limitan tu figura."* ("Morir en ti", 43). El amor, preciosa emoción, puede abarcar, en fin, la vida en todos sus momentos y hasta después de la muerte, como se expresa en "El árbol del amor" 42), extraordinario poema en su sencillez, con pálpito próximo al que ya nos provocara Quevedo con su famoso soneto "Amor más allá de la muerte" y, antes, aquel conmovedor romance anónimo "El Conde Niño".

Entre los poemas de amor "sombríos", está "Se fue" (41), en el que se nos muestra a la enamorada doliéndose calladamente del abandono por parte de quien se marchó *"sin reproches ni lamentos, / con el viento a su favor / y atrás dejó el desaliento / de mil noches de agonía / y mil días de tormento".* En la soledad, *"una noche y otra noche / y hasta de madrugada, / yo te esperaba".* […] *Pero la noche pasaba / y moría la esperanza".* ("Casida de la noche esperada", 53). Así surge la honda queja y el lamento, en forma de pregunta: *"¿Cómo, entonces, mudaré, / en alegría mi pena? / ¿Cómo, dime, lograré / abolir esta condena, / prisión donde moriré?"* ("Quintillas de pie quebrado", 55). Porque *"la añoranza de tu voz, / la ausencia de tu mirada / pueblan mi monotonía / esta tarde fría y lánguida"* ("Tarde de lluvia", 60). La casualidad hizo que, *"de la mano de una diosa apócrifa",* lo viera solo un rápido y despiadado momento, *"y en ese instante / cerré los ojos / y volaste sobre la cometa de mi dolor sangrante / sin deshojar siquiera los mustios tréboles de mi alma rota"* ("Solo un instante", 17). Así que, invadida por la desesperanza y con la certeza becqueriana de la pérdida definitiva, entona su triste llanto: *"no volverá / el prado verde y fresco, / donde el amor cantaba sus delirios, / ni volverá / la flor blanca del almendro / que nos robó aquel beso retenido".* ("No volverá", 25).

B. La existencia humana.

Los poemas de este grupo responden a un interrogante, "¿Qué es la vida?", que nos lleva de la mano a una serie de inquietudes encerradas bajo la etiqueta de existencialismo. Se distancia, no obstante, de esta corriente por no identificarse necesaria y permanentemente con un amargo pesimismo de fondo. Los versos más oscuros sí que apuntan a la desorientación en un entorno adverso y mudo: *"Sacude la lluvia / con perlas de duelo / el sentir del hombre, / su buscar inquieto / de infinita esencia, / de vivir eterno / en un mundo romo, / vacío, violento, / de trazos sombríos, / de sombrío espectro."* ("Presentimientos", 24). Diré, de paso, que aparece aquí una de las metáforas esenciales y constantes en el libro, la lluvia.

Pero, empezando por el primer poema, desarrolla la visión doble de la vida, como mezcla de dolor y felicidad, tristezas y alegrías, pérdidas y encuentros, seguridad e incertidumbre o duda, en la línea de la doble perspectiva "luz" — "sombra", ya conocida: *"Sendas de luz y de sombra / se deslizan sin descanso / por el hálito intangible / del transcurrir cotidiano [...]/, en silencio están forjando / el alma del caminante / y las huellas de sus pasos."* ("Sendas de luz y de sombra, 1). Por eso, vivir a veces es *"vivir / a tientas / sin fundamento"* [...], *"vivir a bulto [...], / a locas [...], / a medias [...], / sin fe [...]. / Deambular sin rumbo / por dédalos negros / y el alma anegada / de hondo abatimiento."* ("Vivir a tientas", 10). No es necesario sufrir el revés, ser objeto del mal, basta con temerlo o esperarlo, presentirlo: *"El sol se retira / la espalda le da, / su ocaso se acerca / por el olivar. / La traición camina / en rostro falaz, / baja la ignominia / por el olivar"* ("Por el olivar", 34). Porque *"el horror"* acecha a la persona, que, como una niña, *"salta risueña"*: *"Fuera del orbe / de sus piruetas / juega el horror / juegos de guerra / en el columpio / de su trinchera / y esparce hiel / de fría pena"* ("Salta la niña", 39). No están ausentes la *"desilusión"*, *"que asalta mi vida / con muy fiera saña"* ("Desilusión", 11) ni la *"incomunicación"*: *"Una voz fría, inerte, metálica, responde"* en el contestador ("El contestador", 58).

En contraposición a este grupo de poemas, emerge en otros la alegría, la esperanza, la ilusión: *"Algún día / brillará el sol [...]. / Algún día, / luciérnagas de fe / vaciarán de desconsuelo / los huecos bolsillos del náufrago."* ("Utopía a las 14:30 de un extraño agosto", 44); o bien asistimos al hallazgo de un sostén y una referencia segura, tal como se expresa en un intenso y sincero poema, titulado "Lo confieso": *"Y es tu designio el que acepto, / Dios, tu designio. / Solo tu designio. / ¡Lo confieso!"*. (14). Desde este punto de vista, incluso la rutina se aprecia a veces como un bien: *"Denostada, infame, odiosa, anodina, / sin querer inflamas de calma la vida. / ¡Bendita rutina!"* ("Oda a la rutina", 21). Y brota, vehemente, la aspiración a que cambie para siempre la faz del mundo y de la humanidad: *"Déjame lanzar / mi grito de guerra: / ¡Que no mueran nunca / las sonrisas tiernas, / que brillen los ojos, / que las manos crezcan, / que ocupen espacios / de negra tibieza / y borren del mundo / la absurda contienda. / No, / no me niegues hoy soñar con quimeras.* ("Mi grito de guerra", 31).

C. El entorno.

Tal vez debería titularse este apartado "La Naturaleza", si no fuera porque, además de escenarios y fenómenos naturales, aparecen algunos escenarios urbanos, artificiales. Como era de esperar, en ambos tipos se aprecian visiones de tipo positivo, la "luz", junto a otras de carácter negativo, la "sombra". Entre las primeras, salta la alegría, la diversión…, cuando *"baila la luna en el río / con sus volantes de escarcha, / los lunares de rocío / y de nubes las enaguas"* ("Baila la luna en el río", 28); y la belleza cándida y limpia del jazmín: *"¡Oh jazmín silvestre, / libre y generoso, / rocías mis días / de gris tormentoso / con la dicha pura / de tus albos gozos!"* ("A un jazmín", 35). Al sol de la mañana, *"se estremece el día, / por las calles anda / con sus ilusiones / de oro bordadas / en el canesú / de su amplia saya / de azul cristalino / con fibras doradas, / llenando de vida / las calles y plazas"* ("Las diez de la mañana", 38). Otras veces es la fresca sombra, la sombra de un patio cordobés, ornado de azulejos y macetas, el pozo, la bordadora, las notas de una guitarra, los flecos de los mantones..., el espacio placentero ("El patio", 49). Incluso en tiempo otoñal, *"a pesar de noviembre, / el silencio no anida en las hojas que caen, / ni se desgajan perladas las gotas sobre el estanque [...], / aún cantan los ruiseñores serenatas memorables / sobre los álamos grises y ocres alcornocales [...], / nace el amor candoroso de la hojarasca exultante, / adorno de la campiña con su fugaz y ágil baile"* ("A pesar de noviembre", 52).

En el polo opuesto, la lluvia es símbolo de la tristeza, el desconsuelo, el abatimiento...: *"Llueven melodías / de gris desencanto / sobre los olivos / y los olmos blancos [...], / y la brisa entonces / esparce en el llano / la melancolía / de los días pardos. / ¡Llueve la tristeza / sobre el campo amargo!"* ("Llueve la tristeza", 27). Y lo es junto a la noche: *"La ciudad se duerme, / la ciudad se apaga / entre tonos grises / de ceniza parda, / de bordes oscuros / y plomiza alma. / Anodina y mustia, / la ciudad descansa / sobre los cimientos / del día que acaba"*; pronto, no obstante, saldrá la luna, *"contrapunto, / de la sombra pálida"* ("Nocturno", 51). Tienen su lugar natural en el interior de estos poemas la amenaza, la agresión, la decadencia, la muerte. Es el caso del amplio y sentido lamento en "Del álamo blanco" (19), cuyas hojas, ya secas, son signo de expiración: *"¡Oh, hoja de plata / en ocre fundida, / dejas con prestancia / tu pujante vida / y aceptas gozosa / tu fatal partida / repartiendo sueños / en almas heridas!"*.

Unos pocos poemas del libro pueden respaldar la suposición, sobre la que después volveré, de que la fuente de inspiración principal son las sensaciones que la realidad provoca, si y solo si la referimos únicamente a esos pocos textos. Otra cosa distinta es que tales sensaciones sean el fermento principal del lenguaje poético, en el sentido que explicaré. Tales poemas pueden quedar representados por el que cierra la colección, "Sinfonía de colores" (62), cuyo título es elocuente, con esa sinestesia ("sinfonía" — "colores") tan cara al Modernismo. Nótese, por otra parte, el ingenioso encadenado de colores (en negrita) que engarza los versos, unidos en pareados asonantados. La vibración, el deslumbre, el estremecimiento que causa en la autora (o que ella imagina) esa explosión cromática constituye, aquí sí, el objeto poético por sí mismo.

Sinfonía de colores
al despuntar la mañana.

Rojo, blanco, rosa, **lila**…,
¡acordes de sinfonía!

Se dan la mano cantando
gitanillas con geranios.

Lila, púrpura, **naranja**…
iluminan la ventana.

Tras el cristal, una niña
teje su trenza ambarina.

Naranja, blanco, **ambarino**…,
la estancia llenan de brillo.

Huyen sus ojos fulgentes
por los espacios agrestes.

Ambarino, blanco, **azul**…,
en toda su plenitud.

Claveles y clavelinas
miran su cara divina.

Azul, blanco, malva, **rosa**…,
irisando mariposas.

Y su mirada clavada
en la Sierra de La Lastra.

Rosa, rojo, azul y **gris**…,
baladas de colibrí.

Y trepan las madreselvas
por las silenciosas rejas.

Gris, morado, rosa, **verde**…,
en el aire de poniente.

El embrujo de la tierra
de su sangre se apodera.

Verde, rosa, encarnado…
en el alféizar lustrado.

Del sutil misterio el aura
eternamente en su alma.

Sinfonía de colores
al despuntar la mañana.

Además de estos tres temas principales, se contienen otros de menor presencia. Así, la cuestión de España, cuya postración se describe, doloridamente, con trazos gruesos de sentido dramatismo, para concluir: *"España navega / sin timón ni brújula / hacia las tinieblas"* ("¡España, despierta!", 29). Más sórdida aún es la contemplación del panorama nacional en el poema 30 ("Mientras yo dormía"). Por otra parte, la solidaridad y el sufrimiento por *"el dolor / que tú estás sintiendo"* son el núcleo de algunos otros versos ("Me duele el dolor…", 4). Por último, no podía faltar al menos un poema que tratara poéticamente sobre la poesía: *"Para que tú me leas / con nítida mirada / y a descifrar aciertes / los signos de mi alma […], / para que tú me oigas / estando yo callada […], / para que tú me sientas / en tu profunda entraña / cuando los días grises / ocupen tu morada […], / para que tú comprendas / lo que la vida guarda / en su fluir constante, / que por mis manos pasa / y marca con sus huellas / la esencia de tus alas, / brotaron estos versos, / nacieron mis palabras"* ("Palabras", 32).

3. La forma, la envoltura.

De acuerdo con el símil utilizado al principio, la forma es el medio por el cual se expone el contenido poético, su *envoltura*. En este apartado me referiré, por tanto, a la expresión poética de *Sendas de luz y de sombra*.

Rige aquí un principio fundamental, en el que se basa la producción de textos, cualquier clase de textos, no solo literarios. Me refiero a la perfecta adecuación que debe darse entre lo que se pretende transmitir y el modo en que es transmitido.

Los clásicos lo denominaban con el término *decorum*. Y así, por citar unos ejemplos, lo mismo que no es aconsejable guardar una preciosa y preciada joya en cualquier estuche feo y pobretón, viejo y deshecho, porque perdería valor ante los ojos de quien la va a recibir o comprar, tampoco se puede recoger el sublime y alborozado sentimiento del enamorado en largas y lentas estrofas, llenas de términos insulsos, de conceptos y razonamientos; ni, al revés, poner la tristeza de quien se lamenta de su desgracia en unos versos menudos y cantarinos.

En el caso de la poesía, existe un singular fenómeno en relación con lo que acabo de decir: la forma, el papel o la tela que envuelve las emociones y las presenta, no tiene solo una función vehicular, transmisora, como en los demás textos; además, es en sí misma un objeto valioso. La manera de exteriorizar poéticamente las sensaciones que produce un paisaje hermoso, esa manera de emplear el lenguaje, es una creación, un objeto artístico. Puede decirse, por eso, que cada poema se debe a un doble proceso creativo: el del fondo o contenido y el de la forma o modo de envolverla y expresarla. Naturalmente, contenido y forma nacen unidos, indisolublemente unidos; aquí los separo a efectos puramente didácticos, es decir, para hablar de ellos, para explicarme. En este sentido, el placer que supuestamente experimenta el lector es también doble: el que le proporcionan las vivencias y conmociones que constituyen el mensaje esencial de la obra, y el que se debe a la construcción lingüístico-textual que lo comunica. Diríamos que la lectura poética se parece a una audición de una grabación musical en estéreo, en tanto que nos llega por dos canales, distintos aunque simultáneos y sincronizados.

Hablando de poesía, dentro de la noción de forma se distinguen varios componentes, entre los que destaco dos: el ritmo y la expresividad o, dicho en términos más académicos, la métrica y la retórica. Voy a pararme muy poco en la primera, puesto que un análisis pormenorizado haría excesivamente extensa esta introducción; seré, en cambio, más minucioso en la segunda, que suele contribuir más a la apreciación y comprensión de la poesía.

A. El ritmo. La Métrica.

La poesía procede históricamente de la canción, de la música. De ella ha conservado uno de sus elementos: el ritmo. Puede afirmarse que no hay poesía sin ritmo, que no es legítimo denominar poético un texto que carece de una estructura rítmica. Si los poemas se escriben en verso, no se debe a otra razón que la consecución del ritmo. Igual ocurre con la rima. Precisamente, los capítulos centrales de la disciplina llamada Métrica se dedican a estos dos elementos: el ritmo y la rima, y la forma de estar organizados ambos en el poema. El caso excepcional de la prosa poética merece un tratamiento aparte, igual que las poesías sin rima.

En el libro *Sendas de luz y de sombra*, predominan los versos breves, concretamente, los hexasílabos (de 6 sílabas) rimando en asonante, dentro del molde poemático denominado romancillo (—a—a—a—a...). Aparece también, aunque menos abundantemente, el romance tradicional, con versos octosílabos. Uno y otro presentan a veces alguna innovación, como es el estribillo, así como la distribución de los versos en agrupaciones (especie de estrofas). Junto a estos esquemas métricos que podemos considerar clásicos, lo mismo que la "Octavilla" (15) y las "Quintillas de pie forzado" (55), nos encontramos con el verso libre, es decir, sin rima (o con rima muy lejana, no regular), propio de la poesía moderna; incluso en ellos el verso de seis sílabas (simple o duplicado, o sea, formando dodecasílabos) es el que domina. Diríase que el modelo rítmico preferido en la poesía de Milagros Jiménez es el que marca el hexasílabo asonantado o sin rimar.

Además de un gusto personal, el uso de ese verso, ligero, grácil, encaja muy bien con otro aspecto textual que mencionaremos en el siguiente apartado: la descripción, muy abundante en este libro (y, en general, en la poesía de la autora, especialmente dotada para tal tipo de textos), de la que los versos cortos son como pinceladas sueltas, al modo impresionista. Véase, por ejemplo, el poema "Desolación" (47), que pertenece a los del grupo de la "sombra": *"Entecos los cuerpos / la mirada ida. / Ni el fruto del árbol / ni la tierra viva / llenaban sus venas, / huérfanas, vacías. / El campo oxidado, / la industria dormida, / un hombre sonámbulo, / el neón le avisa. / El descanso espera, / la cama vacía. / La puerta cerrada, / la ilusión perdida"*. Por su parte, el verso libre, más extenso (o con pie quebrado) y pausado, está en los poemas de carácter más reflexivo. Así ocurre en el 50, "Cuando la vida pasa": *"Cuando la vida pasa y no sientes su aroma, / que la tormenta huraña se lleva entre sus sombras / a las ignotas tierra de los desheredados… / Cuando la vida pasa en el letal silencio / de su fluir diario por campos de misterio / y no suenan violines en la dormida estancia…"*.

B. Los recursos expresivos. La Retórica.

Este otro componente esencial de la poesía se refiere a una serie de fórmulas y mecanismos, orientados a mostrar los matices subjetivos, emocionales, de que está tintado el texto poético. No son exclusivos de él, pero en él se concentran y cobran valor artístico. Pongo un ejemplo para que se vea a qué me refiero. Si una abuela dice "¡Mi nieto Pablo es un sol! ¡Me lo voy a comer!", naturalmente no quiere identificar al niño con un astro ni tiene instintos caníbales. Lo que quiere decir es otra cosa, que por lo habitual de las metáforas utilizadas todo el mundo sabe lo que es. Con esas dos imágenes, el sol y la comida, la señora ha puesto de manifiesto, de una manera algo inconcreta pero muy elocuente, lo que *siente* (subrayo el término) por su nietecito. Así son y así funcionan los recursos expresivos, cada uno con su singularidad dentro del carácter común esencial. Además de los textos literarios, pueblan estos recursos la lengua coloquial y también, mucho más, los mensajes publicitarios. Se les suele llamar, asimismo, *recursos retóricos* o *figuras retóricas* y han sido recopilados y estudiados desde la Antigüedad.

La poesía en general de Milagros Jiménez y en particular la de este libro, *Sendas de luz y de sombra*, es muy rica en recursos expresivos, como no podía ser de otra manera, pues se sitúa en la estela del movimiento literario denominado Modernismo. El propio título, según decía al principio de la presente introducción, se compone de unas metáforas: las "sendas" de la vida, que están pobladas de la "luz" y de la "sombra", pareja de imágenes transversales cuyo sentido he tratado de indagar en el apartado dedicado al contenido.

Dos de los recursos expresivos de mayor rendimiento en la poesía son, por una parte, los que se fundan en la *repetición* y, por otra, los que se denominan *tropos*, entre los que destaca la metáfora. Hablaré de ambos.

La **repetición** consiste en reiterar vocablos, expresiones, estructuras métricas o sintácticas, con una finalidad esencialmente intensificadora. La repetición pone de relieve el valor de un elemento que se quiere subrayar y dotar de un revestimiento emocional especial. En el libro que estamos comentando, raro es el poema donde no aparece. La vemos en 2, 3, 4, 6, 13, 18, 23, 25, 26, 27, 30, 31, 32, 34, 36, 38, 41, 42, 44, 48, 50, 52, 53, 57, 60.

Reproducir dos o más veces un mismo elemento parece bastante sencillo, pero no basta con duplicarlo, triplicarlo… sin más, hay que controlar y dominar esa reiteración en cada poesía, donde solo se legitima por la consecución de una serie de efectos buscados. En algunas ocasiones se trata de otorgar relieve a un objeto, acción, suceso o estado que constituye la base temática del poema o forma parte de ella; puede funcionar, al mismo tiempo, como un factor de organización, un marco estructurador en el que se van incrustando los distintos bloques de contenido (coincidentes a menudo con las estrofas o agrupaciones no regulares), o servir de apertura y cierre del poema; por otra parte, lo mismo que casi todas la repeticiones en cualquier tipo de obra, en el poema genera un ritmo, que a fin de cuentas no es más que la aparición a intervalos iguales de un determinado elemento. Todos estos papeles pueden descubrirse en gran cantidad de textos del poemario, como en el 9, el 13, el 23, el 32, el 38, el 41, el 42, el 45, etc., etc.

Destaco dos casos en los que la obstinada repetición, en vez hacerse de un término concreto, se produce mediante la alusión multiplicada a un campo semántico único, especialmente valioso en el entorno del poema y del libro, mediante palabras diferentes; es lo que ocurre en los poemas 8 y 51, por ejemplo: en el primero, del conjunto de los de la "luz", es el color blanco, que se menciona, directa o indirectamente, hasta 11 veces ("albor", "albino", "niveo", "nevadas", etc.); en el segundo, se nombran, contrastándolos, los dos ámbitos fundamentales, insistiendo machaconamente en ellos: la "sombra" ("grises", "ceniza parda", "bordes oscuros", "plomiza", "sombría"…) y la "luz" ("luna", "amarillo límpido", "luz", "nieve", "blancas", "amarilla"…). Muchos de los recursos expresivos de carácter léxico-semántico de *Sendas de luz y de sombra* podríamos clasificarlos sobre la base de este esquema metafórico bipartito.

La metáfora. Alguien podría pensar que la poesía de Milagros Jiménez versa sobre "lo externo", las sensaciones, que el impulso lírico parece proceder de lo visto, lo oído, lo tocado… Incluso podría aducir fragmentos a favor de esta opinión. Sin embargo, tal como afirmé en el apartado de los contenidos, salvo escasas excepciones, solo en parte es una poesía de tal naturaleza. En realidad, las imágenes, que pueblan abundantemente los versos, son mucho más que objetos estéticos o, mejor dicho, objetos estéticamente contemplados. En realidad, dichas imágenes están dirigidas a conformar un lenguaje, un significante, cuyo significado traspasa el mundo de lo exterior y trasporta al universo íntimo de lo emocional. Diríase que se encierran en los versos, además del estremecimiento por la visión de la luna, de la tarde, del árbol, del blanco, del gris, además de la percepción de la melodía o del frío…, que acumulan un indudable y alto precio lírico en sí mismas, además, digo, está el valor que la autora les atribuye para convertirlos en símbolos reveladores de sentimientos y emociones, "los signos de mi alma" (32), que son la sustancia poética esencial.

En mi opinión, aquí está una de las claves del secreto creativo de la poesía de Milagros Jiménez, de herencia simbolista. Para ilustrar lo que digo, citaré un poema, en el que, por otra parte, se sigue un patrón textual bastante frecuente en el libro, configurado por la secuencia 'mención directa' de un objeto, fenómeno, estado, idea, etc., que con frecuencia se repite a modo de estribillo, seguida de una o varias 'ampliaciones en lenguaje figurado, metafórico'. Así, el número 23, con 9 agrupaciones de versos, todas (menos una) encabezadas por "se nos va el tiempo", que da título y tema a la poesía, y compuestas por cinco versos, en los que, mediante una serie de imágenes se especifica "cómo se va". Según decía arriba, esas imágenes se convierten en metáforas y comparaciones que remiten al sentimiento de daño y dolor por la inexorable pérdida que comporta la fugacidad de la vida, y sus efectos:

Se nos va el tiempo,
se nos va,
desangrándose
como un torrente
por los hostiles desagües
de la vida.

Se nos va así,
tontamente,
sin inmutarse,
sin decir adiós,
al emprender veloz su loca
despedida.

Se nos va por costumbre,
por rutina,
por ancestral tradición
y, en su afán,
abre estelas de nostalgia
desmedida.

Se nos va como si nada,
desoyendo
la discordia
entre el ayer
y el hoy y el mañana,
¡batallas perdidas!

Se nos va sin mirar atrás,
matando
la esperanza,
demoliendo la fe,
devastando recuerdos,
asolando la risa.

Se nos va sin pensar,
sin preverlo,
en un viaje maldito
y, a su paso,
dejan de soñar las rosas
encendidas.

Se nos va codicioso,
y arrastra
el porvenir
y esparce deslucidas
las tristes hojas secas
de la pasión vivida.

Pero araña con empeño,
con saña
y con vigor
en su brutal huida,
notas de placer fugaz
mientras agoniza.

Se nos va el tiempo,
se nos va.

C. Otros recursos.

Hablando del patrón textual, la gran mayoría de las poesías de este libro son monólogos dirigidos a un "tú" inconcreto, que representa a la persona implicada en lo que se expresa, amor, huida, contemplación, dolor... Es un recurso muy propio de la poesía lírica, correspondiente con frecuencia al sinceramiento o desahogo (declaración amorosa, lamento por la ausencia, admiración y atracción, deslumbramiento por la belleza…), formulados a un receptor imaginario, distinto del lector: *"Porque vuelas / y me vuelas, / porque te caes, / porque te alzas, / como cimas egregias, / como hondas quebradas […]. / Porque tu breve instante / es infinita llama / y me respiras lento, / a suaves bocanadas."* ("Porque estás…", 18). Esta forma de expresarse tiene, entre otras, la ventaja de hacer que el lector "oiga" en vivo, en caliente diríamos, las efusiones de una persona (el "yo") que tiene como destinatario otro ser concreto, presente en el acto de comunicación (el "tú"), aunque callado; es algo muy distinto a hablar de una tercera persona ausente, lejana.

Menciono, también, y a propósito de esta última poesía número 18, un recurso retórico muy propio del libro, presente también en el título: el contraste. Está en la oposición de los objetos materiales y espirituales que se enfrentan por ser "luces" o "sombras" y, en general, en bastantes pasajes del conjunto. Véase el poema 25, "No volverá", que antes conectábamos con la rima LIII de Bécquer y con la que, en realidad, el parecido estriba, precisamente, en fundarse en una sucesión de contrastes, pivotando sobre el verbo "volver", aquí solo en forma negativa: *"No volverá / el rumor calmo del céfiro / a perfumar el valle renacido, / ni volverán los acordes del deseo / a dejar honda huella en el camino."*

("No volverá", 25). La contraposición pura es un instrumento intensificador de primer rango, como es fácil entender: el blanco parece más blanco si lo colocamos junto al negro y viceversa.

Con frecuencia, la contraposición deviene en paradoja, que no solo hace acto de presencia en bastantes poemas, sino que a veces proporciona su fórmula constructiva. Aparte del número 18 citado, leemos en el 22, en el que se habla "a la soledad": *"y si tú no estás conmigo, / sola, muy sola, me dejas"* ("Soledad, no estás conmigo…"). *"Prefiero que hable el silencio"*, se declara en el poema 54 ("Que hable el silencio"). Además del valor de contraste, la paradoja evoca o incluso crea realidades nuevas, imprecisas a veces en sus contornos, pero de gran rendimiento poético: ¿de qué "soledad" se trata?, ¿qué es ese "silencio" hablador?

4. Conclusión. A modo de guía para la lectura de *Sendas de luz y de sombra*.

En este último apartado, podría sintetizar lo desarrollado en los anteriores, que es lo que comúnmente suele hacerse en las conclusiones. Yo voy a salirme de la costumbre y, con un sentido más práctico, he determinado atreverme a orientar mínimamente al lector a la hora de afrontar el libro. No me voy a extender más allá de cuatro sugerencias, basadas, claro está, en lo que he extraído de mi propio análisis, expuesto hasta aquí.

1. Empezar la lectura sabiendo que va a encontrarse con un buen número de textos que hablan sobre los vaivenes del amor, sobre la felicidad y el sufrimiento que comporta;

sobre los sinsabores de la vida, sobre la ilusión, la esperanza, el decaimiento o la decepción con que en muchas ocasiones se transita el camino; sobre la esplendorosa belleza de lo que nos rodea, moteada muchas veces con tintes de claroscuro. Y sabiendo que la contemplación o reflexión sobre esos temas no ha dejado impasible a la autora (o a su otro yo literario), estado del que se puede contagiar el lector. Perdón, se debe: ante el más mínimo síntoma, ha de abandonarse y dejarse impregnar por el sentimiento y la emoción que bullen en lo hondo.

2. Saber que hay algunos poemas puramente descriptivos, cuya mejor lectura es la que se efectúa activando la imaginación y recreando en ella los objetos que se dibujan, sus formas, sus colores…, para sentir las mismas sensaciones, o parecidas, que nacieron en la estimativa estética de la autora (o de su otro yo literario).

3. Al pasar por cada poema, pausadamente, tratar de adivinar qué hay detrás de los abundantes juegos retóricos y, sobre todo, percibir el latido, la conmoción que encierran las innumerables imágenes y a su través se nos comunican, para que las reproduzca el lector en su corazón.

4. En una segunda o tercera lectura, escuchar (mental o realmente) cada poema, percatándose del ritmo delicado y la suave musicalidad en general.

Siguiendo estas pautas (e incluso sin seguirlas), estoy completamente seguro de que los lectores disfrutarán con el libro, con los poemas de Milagros Jiménez. Tanto los temas que trata, universalmente humanos, como la forma de los versos, esculpida con la perfección, la sonoridad, el ritmo, etc., propios de una autora con excelente dominio técnico-lingüístico-métrico-retórico, saciarán con creces el deseo, seguro, del lector de entrar en contacto y nutrirse de buena poesía en castellano. Que así sea.

JOSÉ ANTONIO RAMOS
Antequera, enero de 2018

SENDAS DE LUZ Y DE SOMBRA

1

SENDAS DE LUZ Y DE SOMBRA

Sendas de luz y de sombra
se deslizan sin descanso
por el hálito intangible
del transcurrir cotidiano.

De sombra y luz esas sendas
penetran por los costados,
como agudos alfileres,
y a hierro te van marcando.

Entreveradas sus chispas
el sentir van perforando
y transitan por misterios,
sueños, gozos y quebrantos.

Sendas de luz y de sombra
asaltan todos los flancos
con sus risas de alegría
y sus lágrimas de llanto.

De sombra y luz esas sendas
en silencio están forjando
el alma del caminante
y las huellas de sus pasos.

Y entre soles y penumbras
se va la vida pasando
y el corazón se columpia
en trapecios desbocados.

¡Sendas de luz y de sombra
por llanuras y barrancos,
claroscuros inquietantes,
al hombre siempre acechando!

2

YO SOY MUY SIMPLE

Yo soy muy simple.
Simplemente empática,
simplemente empírica,
simplemente enfática.

Yo soy muy simple.
Simplemente lírica,
simplemente autómata
y algo lunática.

Yo soy muy simple.
Simplemente nómada,
simplemente crítica,
simplemente anómala.

Yo soy muy simple.
Simplemente tímida,
simplemente díscola
y algo fantástica.

Yo soy muy simple.
Simplemente unívoca,
simplemente cándida,
simplemente antípoda.

Yo soy muy simple.
Simplemente diáfana,
simplemente épica
y algo romántica.

Y me pierdo
entre la bruma
de la duda y de la nada.

Y me despierto
soñando
en los quicios de mi cama.

Y deambulo
en las tormentas
mirando las nubes blancas.

Y camino
bajo el cielo
sin sombrillas ni corazas.

Y persigo
la verdad
por callejuelas de albahaca.

Y busco,
cuando amanece,
a Dios
con todas mis ansias.

Yo soy tan simple
que soy
simplemente humana.

3

No habrá tsunamis de hielo

Con que tú me mires,
con que tus vastos ojos,
estanques de zafiros,
prendan hilos de mi alma
y capten su secreto,
no habrá tsunamis de hielo.

Con que tú me hables,
con que tu limpia voz,
estrellas rutilantes,
envuelva en sus olas
los pliegues de mi cuerpo,
no habrá tsunamis de hielo.

Con que tú me toques,
con que tus tersas manos,
gaviotas de caricias,
rocen mi piel y acunen
mi corazón hambriento,
no habrá tsunamis de hielo.

Con que tú me vivas,
con que tu grato aliento,
surtidor de delicias,
me siga y me persiga

y atraviese mis sueños,
no habrá tsunamis de hielo.

Ni habrá tormentas de angustia
ni habrá tornados de cieno,
solo habitarán mi mundo
oasis de luz y fuego.

4

ME DUELE EL DOLOR…

Me duele la voz,
me duele el silencio,
me duele el aroma
de los mirtos muertos,
me duele la rosa,
que deshoja el viento,
me duele el negror
que tapa sin miedo
la lúcida estrella
en el ancho cielo.

¡Me duele el dolor,
que tú estás sintiendo!

Corroe tu alma,
la mina por dentro,
traspasa corazas
con ritmo violento
y clava su espina
de helado avispero
en las venas vivas,
que exhuman regueros
de tristeza amarga
y amargo lamento.

Un vasto dolor
sin puertas ni cercos,
que ahoga la risa,
que ahoga el aliento
y asfixia las ansias
de radiantes sueños.

Dolor desalmado,
hordas de tormentos,
de icebergs cortantes,
hirientes y gélidos,
rae las entrañas
con filos de acero.

Pero es tu dolor
de hondo agujero,
el que me taladra
mi carne de cedro
y es el que dibuja
horizontes negros.

¡Me duele el dolor,
que tú estás sintiendo!

5

OIGO TU VOZ

Oigo tu voz
y se evapora el mensaje
por los desagües informes
de la atmósfera voraz.

Y lo engulle
y lo aprisiona
y encadena
con grilletes de plata
su esencia.

Pero tu voz se libera
y huye
translúcida
y franca
por los diales radiantes
de la esfera indolente.

Y tu vida se hace carne
y caminas
por las escalinatas
de otra vida,
subiendo a galope
hasta el ático
de la existencia.

Y el presente
ensancha su tiempo
y empapa la mente recelosa
con la verdad de tu ser.

Entonces el acento
se vuelve verso
y la melodía
conquista de nuevo
el hoy,
un hoy renacido
que canta a la vida
y acaricia con mimo
los sentidos.

Sonidos, solo sonidos,
y una voz, tu voz,
que hechiza el aire.

Sílabas, sílabas solo,
y una voz, tu voz,
que seduce el espacio.

Palabras, solo palabras,
y una voz, tu voz,
que embelesa el firmamento.

Brota tu voz así,
translúcida y franca,
y se calman
las tormentas.

6

Y TE MARCHAS

Y te marchas
sin un adiós, sin una despedida,
como un extraño
fantasma de hielo
que arrastra
cruces de agonía
y se va deshaciendo lentamente,
gota a gota, bajo la luz
del día.

Y te marchas
sigilosamente, a hurtadillas,
y en tu huida
perjura y avivada
vas marcando huellas de cobardía,
glaciales rastros
con buril perverso
de engaños, de misterios
y alevosía.

Y no se te llamó,
nadie te requería,
nadie su voz alzó,
nadie pidió tu venida.

Pero llegaste
como ladrón de horas,
como ladrón de sueños,
como ladrón de confianza
y de vida.

Y ahora te marchas
sin un adiós, sin una despedida,
dejando atrás un fétido torrente
de flores corrompidas.

7

CUANDO MUERA LA ROSA

Cuando muera la rosa,
que un día cultivamos
a corazón abierto
y abiertas nuestras manos,
cuando calle la música,
que nos arrobaba antaño,
y vacíe nuestras almas
de angelicales cantos,
cuando cesen las ansias
de anhelos y arrebatos
y recorramos a solas
los pasadizos pardos,
cuando ya los suspiros
se ahoguen en los lagos
de lodos y miserias
y de sueños truncados,
recuerda tú que te quise,
no olvides que me has amado,
no se alcen entre nosotros
de tormento muros altos.
Que no se pierda el aliento
de nuestro abril perfumado
y su esencia aromatice
los largos días aciagos

con el néctar de los lirios
y el elixir de los nardos,
dejando en nuestra piel
de almizcle y miel hondos rastros.

Que nunca nos arrebate
el huracán temerario
los momentos que vivimos
cuando del amor gozamos.

8

EL AMOR ENTONCES

Por los blancos pliegues,
por los pliegues tersos,
de las envolturas,
que miman sus cueros,
el albor ufano,
el albor sereno,
cauteloso y manso,
enreda sus sueños.

En bruñidas fibras
de albos pensamientos,
la dulce ternura
anida en sus huecos
y extiende sus lazos
serenos y netos
en los corazones
de cano silencio.

Ya en el horizonte
de níveos cortejos,
el día engrandece
el albino cielo,
donde las gaviotas
en pálido vuelo

con teselas claras
y cristales frescos
alfombran nevadas
todo el firmamento.

Se abren las manos
de jazmines tiernos,
que en nardos de aurora
ciñen su universo.

El amor entonces
trepa con denuedo
por la sangre nítida
de brazos de fuego.
¡Y en blando delirio
levitan sus cuerpos!

9

CAMINA EL DOLOR

Camina el dolor
por secos senderos
de cantos rodados,
de guijarros muertos,
de grietas ariscas
con simas de hielo.

¡Camina el dolor
por secos senderos!

Por otra vereda,
van mis pensamientos
rehuyendo alfileres,
que hieren por dentro
con púas afiladas
por manos de acero.

¡Por otra vereda
van mis pensamientos!

No te ensañes más,
dolor traicionero,
sigue tu camino,
sé huésped del viento,

no invadas mi espacio
con padecimientos,
no llenes mi vida
de gris desaliento.

¡No te ensañes más,
sigue tu sendero!

10

VIVIR A TIENTAS

Vivir
a tientas,
sin fundamento.

Franquear la vida,
fabricar recuerdos,
perseguir quimeras
arañando sueños.

Vivir
a ciegas,
sin instrumentos.

Arrancar de cuajo
los matojos secos,
asirse al pretil
de dulces momentos.

Vivir
a bulto,
no echar cimientos.

Y aspirar soñando
el vivir eterno

y sobrellevar
el mañana incierto.

Vivir
a locas,
con desconcierto.

Buscar en los bosques
de celajes densos,
oriente atinado
en el universo.

Vivir
a medias,
con desconsuelo,

en ahogada espera
y en sordo silencio
sin desentrañar
el quid del misterio.

Vivir
sin fe,
sin Dios ni credo.

Deambular sin rumbo
por dédalos negros
y el alma anegada
de hondo abatimiento.

Vivir
y morir:
algoritmo cierto.

11

DESILUSIÓN

Caballo que al trote
por pradera avanza
asalta mi vida
con muy fiera saña.

El duro galope
de veloz punzada
lastima el silencio
de la madrugada.

La dulce quimera
emprende su marcha,
se va consumiendo
en la mar amarga.

Leve el espejismo,
fue la ilusión vaga,
que el alba encumbró
para derrocarla.

Y en la lejanía
despliega sus alas
el ave siniestra
de la destemplanza.

12

SE ESFUMÓ EL OLOR

Se esfumó el olor
de la bella rosa,
se acalló el rumor
de notas canoras
de los mirlos blancos,
que en las ramas posan,
se marchó buscando
cobijo en las sombras
la cálida brisa,
suave y mimosa,
y el caudal del río
detuvo su ronda
cuando la ancha noche
desplegó sus olas
sobre el campo gris
y la ciudad sorda.
Se quedó en suspenso,
quieta y silenciosa,
la Naturaleza
ansiando la aurora,
dormida en su lecho
de pálidas hojas.
Un calmo mutismo
por el prado boga.

Solo atroz un lamento,
que la paz le roba,
estremece el campo,
el aire corona
de negros suspiros
con negra aureola.
Una margarita
con el alma rota
derrama su esencia
de ocre corola
entre los olivos
y las amapolas.
No hay estrella lúcida
no hay luna redonda,
que apaguen su pena
mustia, melancólica.
Solloza abatida,
gime quejumbrosa
por su soledad,
hosca y tenebrosa,
esperando inquieta,
dolida y llorosa,
que el día despunte
y extienda su alfombra
de dorados rayos
y doradas blondas
para que sus ojos
hallen codiciosa
los ojos radiantes

del que la enamora,
para que sus noches
lúgubres, penosas,
lozanas se vuelvan
con el sol que asoma
y enterrar sus lágrimas
de negra congoja
en bruñidos lagos
de alegría gozosa.

Mustia margarita,
no sientas zozobra
ni males de amores,
tranquila reposa
en el blando prado,
ufana y ociosa,
que llegará el alba
con su blanca toca
y tu fiel amante
de aura luminosa
pronto nacerá
y no estarás sola.

¡Tú no desesperes,
margarita hermosa!

13

COJO TU MANO

Cojo tu mano en mi mano,
tu franca mano de alba,
sin peligro ni recelo
y al contacto se abre el alma,
como los vanos sin puertas
por donde la vida pasa,
libre como el colibrí
al sobrevolar montañas,
como pétalos de seda
de la amapola temprana,
que se despliegan gozosos
en la campiña lozana.

Cojo tu mano en mi mano,
tu franca mano de alba,
y subo por sus peldaños
a la más sublime estancia
y allí, en cálido manto,
en su regazo arropada,
acariciamos despiertos
los sueños que nos embargan,
volutas de leves mimbres,
aspas que avivan la llama,
y en su vértice de fuego
a trote el amor cabalga.

Cojo tu mano en mi mano,
tu franca mano de alba,
y el camino se despeja
y el deseo se desata
y se perfuma de mirra
el perfil de mis entrañas
y el aire se purifica
y acrisola madrugadas
y el viento pinta utopías,
que al cielo eleva sus alas,
y se disipan las dudas
y germina la esperanza.

Que allí donde esté tu mano,
tu franca mano de alba,
es lugar donde florece
el pleamar de mi alma.

14

LO CONFIESO

Que no te destronen,
Dios, tus crueles sucedáneos,
telas de tarántulas
hambrientas,
que penden amenazantes
sobre la humanidad desatenta.

Las veo, las siento,
espada de Damocles
que inquietan de continuo mi vivir
y lo dislocan y lo desconciertan.

Que no te destronen, Dios.
Que no decidan la hora
de nuestro sueño eterno.
Que no llenen el mundo
de desmanes.
Que no esparzan terror sin freno.

No alientes, ¡oh Dios!,
su presencia.
Déjalos rendidos a la sepultura
que abrieron infames
para los desafectos.

Mientras tanto, no los miro.
Los ignoro,
ídolos de visas,
ídolos de oquedad,
ídolos de hastío,
ídolos de odio,
ídolos de terror,
ídolos de vacío.

Quisieran ocupar 'in aeternum'
tu trono infinito.
Recelan de ti
y maltratan tus designios.

Y es tu designio el que acepto,
Dios, tu designio.
Solo tu designio.

¡Lo confieso!

15

OCTAVILLA

Cuando es locura este sueño,
cuando es sueño esta locura,
el alma con tic risueño,
con afán, sin atadura,
con el más tenaz empeño,
levita a su soltura
y en ti halla renacida
sueño, locura y guarida.

16

Y TE SUEÑO

Un vasto sueño
me acecha
y me va venciendo
y va escalando
lentamente
las puntas lánguidas
de la pestaña sumisa
y me ocupa
las horas escogidas
del reloj inquieto.

Y cierro los ojos
y me exilio
y la vida
se me escapa
a borbotones
por los efluvios
del aura onírica.

Y súbitamente
emerges tú
y sublimas el instante
y la noche
se viste de gala
y te sueño...

17

SOLO UN INSTANTE

Te vi solo un instante.
Paseabas
y de la mano de una diosa apócrifa te me mostraste,
cabalgando ilusiones por la tarde cálida de un día de
sombras.

Solo un instante
y eclipsé
fulminantemente mis pasos y frené mi convicción,
detuve mi presente y te dejé bogar en tus sueños de olas.

Un instante solo
y, encadenada
impenitentemente a un punitivo adiós,
inmolé mi porvenir sobre el ara gélida de la dura roca.

Y en ese instante
cerré los ojos
y volaste sobre la cometa de mi dolor sangrante
sin deshojar siquiera los mustios tréboles de mi alma rota.

Y enmudeció el aliento
y murió la melodía
y el instante se hizo eterno.

18

PORQUE ESTÁS...

> *"...Porque te miro y muero..."*
> M. Benedetti

Porque estás
y no estás,
porque vienes
y te marchas,
como días sombríos,
como las noches claras.

Porque hablas
y no hablas,
porque me agitas
y me calmas,
como la tarde azul,
como la gris mañana.

Porque vuelas
y me vuelas,
porque te caes,
porque te alzas,
como cimas egregias,
como hondas quebradas.

Porque sueñas
y me sueñas,
porque anhelas
y abres tu alma,
como sépalos verdes,
como corolas granas.

Porque los tibios jugos
ahogan las gargantas,
porque tus firmes pasos
alientan la esperanza.

Porque sin tus latidos
el aire se me escapa
y la luz se detiene
y las tinieblas andan.

Porque tu breve instante
es infinita llama
y me respiras lento,
a suaves bocanadas.

Y porque tú me vives
y porque tú me matas.

19

DEL ÁLAMO BLANCO

Del álamo blanco
las hojas huían,
pétalos que fueron
de nácar un día
y en un vals sereno
de melancolía
por montes y valles
el viento movía.

Piruetas livianas
de etérea agonía,
su danza de muerte
con garbo ofrecían
a claras mañanas
y noches umbrías,
como alegres ofrenda
de su despedida.

Libres, anhelantes
de nuevas orillas,
bailaban un baile
de suaves caricias,
volutas de cobre,
de sangre investidas,

bajo el cielo gris,
sobre la campiña.

No brillan sus ojos
ni es jovial su risa,
la que en primavera
su haz relucía
al son de los trinos,
rapsodias divinas,
de los ruiseñores
y las cardelinas.

Y se van ahora,
certeras caminan
a su destrucción
en jacas sin bridas,
reposando el vuelo
de su edad vencida
entre la hojarasca
huraña y mohína.

¡Oh hoja de plata
en ocre fundida,
dejas con prestancia
tu pujante vida
y aceptas gozosa
tu fatal partida,
repartiendo sueños
en almas heridas!

20

SE DESPLOMA AGOSTO

Se desploma agosto
con su piel reseca
en la desnudez
de la estéril sierra.

Y cae de bruces
con su roja queja
sobre el pueblo cálido
y la ardiente era.

Esparce risueño
sus leños de hoguera
en los musgos mustios
de la vieja piedra.

Se derrumba tórrido
con pasión severa
en vacías calles
y en plazas desiertas.

Desmorona el alma,
brota la tristeza
por las bocas cárdenas
de encendidas penas.

75

Y nada se salva
del fuego que quema,
solo sobreviven
tus ojos de espera.

Se desploma agosto
con su piel reseca.

21

ODA A LA RUTINA

Asidua rutina,
afloras ociosa, mustia, repetida,
por los vagos ríos de la carne viva.
Y, cuando tus sones de monotonía
extiendes hastiada con cadencia fría
por los arrabales de brumosos días
y por las entrañas de noches sombrías,
cual campana ronca, terca, decaída,
unges los rincones con piel deslucida,
incluso se carga de lastre la brisa
vaciando su tedio por altivas cimas.

Y con ese vuelo de costumbres fijas,
ritual solemne de marcha aburrida,
arropas sin luz las almas dormidas
y tu tez opaca, sosa, envejecida,
cubre los espacios de dudosa dicha
con arpegios grises de gris armonía.

Denostada, infame, odiosa, anodina,
sin querer inflamas de calma la vida.
¡Bendita rutina!

22

SOLEDAD, NO ESTÁS CONMIGO...

Soledad, no estás conmigo
en esta aventura adversa,
pues tus hebras invisibles
no acompañan mi carrera
y, si tú no estás conmigo,
sola, muy sola, me dejas.

Hasta los rayos del sol,
que asoman por las laderas,
borran su nota dorada
de los quicios de mi puerta.

No quieren los colibríes,
posarse sobre tu ausencia
y sus alas oscilantes
baten lejos de mi néctar.

Ni la vivaz buganvilla
osa coronar mi verja
y trepan sus florecillas
por celosías ajenas.

Soledad, ven a mi lado,
da cobijo a mi tristeza

de mares sin horizontes
y de cielo sin estrellas,
que me desertan las nubes
y me persigue la niebla.

Soledad, no me abandones,
que está mi alma desierta,
haz que tu manto de nieve
me arrope en esta tormenta,
pues, si tú no estás conmigo,
¿quién compartirá mi pena?

23

SE NOS VA EL TIEMPO

Se nos va el tiempo,
se nos va,
desangrándose
como un torrente
por los hostiles desagües
de la vida.

Se nos va así,
tontamente,
sin inmutarse,
sin decir adiós,
al emprender veloz su loca
despedida.

Se nos va por costumbre,
por rutina,
por ancestral tradición
y, en su afán,
abre estelas de nostalgia
desmedida.

Se nos va como si nada,
desoyendo
la discordia

entre el ayer
y el hoy y el mañana,
¡batallas perdidas!

Se nos va sin mirar atrás,
matando
la esperanza,
demoliendo la fe,
devastando recuerdos,
asolando la risa.

Se nos va sin pensar,
sin preverlo,
en un viaje maldito
y, a su paso,
dejan de soñar las rosas
encendidas.

Se nos va codicioso,
y arrastra
el porvenir
y esparce deslucidas
las tristes hojas secas
de la pasión vivida.

Pero araña con empeño,
con saña
y con vigor
en su brutal huida,

notas de placer fugaz
mientras agoniza.

Se nos va el tiempo,
se nos va.

24

PRESENTIMIENTOS

El aire se viste
con pálidos velos,
la luna se cubre
con un manto negro,
estrellas brillantes
apagan su celo
y vaga la noche
por hoscos senderos
en oscuros surcos
de presentimientos.

Sacude la lluvia
con perlas de duelo
el sentir del hombre,
su buscar inquieto
de infinita esencia,
de vivir eterno
en un mundo romo,
vacío, violento,
de trazos sombríos,
de sombrío espectro.

Y gotas minúsculas
de penar sin freno

riegan el espacio
de gris desconsuelo,
(¡el alma se hunde
en pardos desvelos!).

Y sigue la noche
vagando en silencio
en oscuros surcos
de presentimientos.

25

NO VOLVERÁ

No volverá
el prado verde y fresco,
donde el amor cantaba sus delirios,
ni volverá
la flor blanca del almendro,
que nos robó aquel beso retenido.

No volverá
el rumor calmo del céfiro
a perfumar el valle renacido,
ni volverán
los acordes del deseo
a dejar honda huella en el camino.

De aquel lugar distante y muy querido,
de aquel edén, refugio de promesas,
solo el rumor del canto ensordecido,
solo el silencio errante entre la niebla,
habitarán el corazón herido
y marcarán en nuestras almas huecas
un ritmo tardo, triste, mortecino.

26

NO ME LLAMES

No. No me llames.
Hoy no me llames,
aunque tu voz estalle de deseo,
aunque rebeldes las palabras huyan
y acudan a mi encuentro.

No. No me llames.
Sella tu boca
con herméticos candados fieros,
para que apresen con fuerza mi nombre
y no lo susurre el viento.

Porque si tú
hoy me llamas
a gritos,
con desespero,
con ardor,
con desvarío,
o con la luz
del recuerdo,
no habrá
montañas abruptas
ni cimas
de frío hielo

ni glaciales
desangrados
ni océanos
turbulentos
ni ríos
de negra furia
que a mi amor
le pongan freno.

No. Hoy no me llames, no.
Vele tu boca el silencio.
Deja que tu voz se rompa
aunque estalle de deseo.

27

LLUEVE LA TRISTEZA

Llueve la tristeza
sobre el campo amargo,
caen gotas mustias
en aros viciados.

Y la tierra entonces
acoge en su manto
la ceniza turbia
de amor olvidado.

Llueven melodías
de gris desencanto
sobre los olivos
y los olmos blancos.

Sus ramas entonces
empapan el llanto
de vieja poesía
de verso elegiaco.

Llueven los recuerdos
de remotos años
sobre la armonía
del viento lejano.

Y la brisa entonces
esparce en el llano
la melancolía
de los días pardos.

¡Llueve la tristeza
sobre el campo amargo!

28

BAILA LA LUNA EN EL RÍO

Baila la luna en el río
con sus volantes de escarcha,
los lunares de rocío
y de nubes las enaguas.

En la ribera los juncos
miman su cara de plata
y el viento, su amante fiel,
besa su ocre mirada.

Por el aire se deslizan
los ecos de una guitarra,
que tiñen con sus acordes
de hechizo la noche clara.

La luna sigue bailando,
la luna baila que baila
con sus piruetas de seda
sobre la tierra mojada.

Allá, en la lejanía,
en la ventana de ámbar
unos ojos soñadores
persiguen sus huellas de agua.

Por sus giros, por sus pasos,
el misterio se derrama
y ata con lívidos lazos
las blandas trenzas doradas.

Y el corazón de la niña,
amatista, oro y gualda,
galopa por sus estelas
tras la pálida alazana.

En las orillas del río,
la luna baila que baila,
la luna sigue bailando
en la noche limpia y mágica.

29

¡ESPAÑA, DESPIERTA!

…"Una de las dos Españas
ha de helarte el corazón".
A. Machado

Por las aguas fétidas,
sucias, purulentas,
de la charca inmunda
de hediondez infecta,
con ratas malsanas,
víboras violentas,
corruptas alimañas,
sanguinarias fieras,
apesadumbrada,
decaída, ciega,
sin norte, sin rumbo,
sola entre la niebla,
perdida en la noche
de fiera tormenta,
bajo negras lunas
España navega
sin timón ni brújula
hacia las tinieblas.

No hay faro que guíe
ni estrella que encienda
un halo de luz
en esta odisea
de traiciones viles,
de peligros llena,
con cantos taimados
de aleves sirenas,
que emiten sus voces
y lanzan sus cuerdas
sobre el mástil mustio
de nuestra bandera.

¡Despierta, España!
deja ya tu siesta,
y limpia tu casa,
blanquea tu puerta,
saca aquel honor,
que antaño tuvieras,
coge entre tus manos
abiertas y honestas,
segura el timón,
con ahínco y fuerza,
purifica el agua,
levanta las velas
y evita el naufragio
en la charca fétida.

Ya no duermas más.
¡España, despierta!

30

MIENTRAS YO DORMÍA

Mientras yo dormía,
monstruos despiadados garras extendían
por el lado obtuso de la noche umbría.

Mientras yo dormía,
hachazos de odio, de rencor cuchillas
rasgaban huraños la dulce armonía.

Mientras yo dormía,
caínes enfermos abrían heridas
de rojas contiendas, que sangre vertían.

Mientras yo dormía,
serpientes de espanto, víboras de ira
sobre la almohada de intensa apatía.

Murieron las rosas,
cesaron las risas
en el yermo erial
de la patria mía.

Al abrir los ojos
sórdido silencio, estancias vacías,
helaron mis venas en la tierra fría.

Y hordas hambrientas
de liberticidas
vistieron de noche
la luz de mis días
mientras yo dormía.

31

MI GRITO DE GUERRA

No,
no me cierres hoy mi sonrisa abierta,
déjala pasar franca, sin barreras,
que rutile alegre, cual clara luciérnaga,
en la oscura noche hostil de la tierra.

No,
no me cubras hoy
los ojos con vendas,
déjalos brillar
puros en la niebla,
llenando de luz
las miradas ciegas
un instante al menos,
cual fugaz estrella.

No,
no aprisiones hoy mis manos intensas,
déjalas volar pintando promesas
de amor y de paz, de concordia auténtica,
clamando calladas mañanas eternas.

Déjame lanzar
mi grito de guerra:

"¡Que no mueran nunca
las sonrisas tiernas,
que brillen los ojos,
que las manos crezcan,
que ocupen espacios
de negra tibieza
y borren del mundo
la absurda contienda!".

No,
no me niegues hoy soñar con quimeras.

32

PALABRAS

Para que tú me leas
con nítida mirada
y a descifrar aciertes
los signos de mi alma
con el sutil lenguaje
de la pasión cifrada,
nacieron mis palabras.

Para que tú me oigas
estando yo callada
porque en la estancia mustia
la música no habla
ni suenan las canciones,
que antaño enamoraban,
nacieron mis palabras.

Para que tú me sientas
en tu profunda entraña,
cuando los días grises
ocupen tu morada
y tiñan de amargura
tu espacio de esperanza,
nacieron mis palabras.

Para que tú comprendas
lo que la vida guarda
en su fluir constante,
que por mis manos pasa
y marca con sus huellas
la esencia de tus alas,
brotaron estos versos,
nacieron mis palabras.

33

OCASO

Yo veía cada tarde
el día, ¡cómo moría!,
envuelto en pálida faz,
mis amores consumía.

Por los montes esplendentes,
por las colinas floridas,
por los valles renovados,
por las gozosas campiñas.
por los lujuriosos prados
y las peñas enlucidas,
se iba cubriendo de duelo
la hermosura que bullía.

Como lluvia itinerante,
decepciones esparcía
en los ríos bulliciosos,
en sus calladas orillas,
en los mares altaneros,
en lagunas de armonía,
y en el hades de la noche
mis esperanzas hundía.

Yo veía cada tarde
el día, ¡cómo moría!,
envuelto en pálida faz
mis amores consumía.

34

POR EL OLIVAR

Ya sube la niña
por el olivar,
en sus fuertes manos
su persona va.

El sol se retira,
la espalda le da,
su ocaso se acerca
por el olivar.

Posesión y celos
vienen a acechar,
¡la noche asesina!
por el olivar.

La traición camina
en rostro falaz,
baja la ignominia
por el olivar.

La luna se tiñe
de rojo penar,
lágrimas de sangre
por el olivar.

Un grito callado
clama libertad,
igualdad, justicia
por el olivar.

35

A UN JAZMÍN

Tú te esparces libre,
oh jazmín frondoso,
por el campo abierto,
libre y generoso,
y donas la esencia
que emanan tus poros
y la flor albina,
que adorna tu dorso
con tus francas manos
de blancos retoños
a las mariposas
de vuelo armonioso,
que posan sus alas
de pétalos de oro
en verdes urdimbres
de berilo ocioso.
Y, si el caminante
detiene sus ojos
ante el ramillete
de candor mimoso,
que mecen los céfiros
con ritmo amoroso,
apresas su alma
en nácar canoro.

¡Oh, jazmín silvestre,
libre y generoso,
rocías mis días
de gris tormentoso
con la dicha pura
de tus albos gozos!

36

Estaba allí

Estaba allí
confiado sobre la reverdecida loma,
contemplando con orgullo el caudal
del río que corría,
como si suya el agua fuera.

Estaba allí
desafiante al tiempo fugaz y disperso,
guerrero invencible
de un lento calendario,
como si suyas las hojas fueran

Estaba allí
indemne a la marea de los ciclos,
a los años estancados
de una galaxia eterna,
como si suyo el universo fuera.

Estaba allí
firme sobre el glorioso pedestal de juventud,
mirando altanero el fluir
de la savia que bullía,
como si suya la vida fuera,

Héroe titánico,
coloso invencible,
Heracles victorioso,
estaba allí.

Firme, confiado, desafiante, indemne,
quimérico señor del feudo de su vida,
estaba allí.

Pero la vida era de la muerte.

37

AMANTES

No quiso mirar su cara
cuando clareaba el día,
porque sus ojos llevaba,
como saetas prendidas,
en los huecos de su pena,
horadando las heridas,
que su adiós iba dejando
por la alfombra de su ida.

Ni quiso mirar su cuerpo
al amanecer el día,
porque su huella quedaba
en las ondas de su risa,
desplegando alegres alas
cuando en sus brazos vivía
aquel instante de fuego
con sus bocas confundidas.

Ni su cara ni su cuerpo,
borlas de brisa marina,
de soplos de aire puro,
de lumínica amatista,
de enardecidas corolas,
de plenitud infinita,

quiso mirar en el alba,
cuando despuntaba el día.

Y en esa almohada cálida,
que guardaba sus caricias,
clavó su mirada huera
del cuerpo que aún sentía
coronando sus entrañas,
colonizando sus fibras,
¡e hilos de plata afilada
orlaron la despedida!

38

LAS DIEZ DE LA MAÑANA

Con rayos trigueños
de seda leonada,
sereno y diáfano,
el sol se destapa
y cubre orgulloso
con férvida capa
las colinas mustias,
la casa callada,
enluciendo el ciclo
de rubia algazara.

Las diez de la mañana.

Ya cerca del río,
en sus aguas calmas,
el álamo altivo
despliega las ramas
y abre sus rendijas
con hojas celadas
a la brisa fresca,
a la brisa alba,
lanzando fecundo
verdes esmeraldas.

Las diez de la mañana.

Y soplan las voces,
brillantes y claras
(ondas constreñidas
en negras cloacas),
que limpian el aire
de sombras lejanas,
de presagios tristes,
de tristeza amarga,
su luz aniquila
la vieja añoranza.

Las diez de la mañana.

Se estremece el día,
por las calles anda
con sus ilusiones
de oro bordadas
en el canesú
de su amplia saya
de azul cristalino
con fibras doradas,
llenando de vida
las calles y plazas.

Las diez de la mañana.

Y en la torre inerte
de la ermita parda
zurean las palomas
cantos de esperanza.
No hay ocaso gris
ni noche enlutada
ni silencios fieros
ni dagas de plata.
Los hombres ya bregan,
la ciudad se agranda.

Las diez de la mañana.

39

SALTA LA NIÑA

Salta la niña,
salta risueña,
la vida, toda,
la vida entera,
cabe espaciosa
en la ágil cuerda
y en la sonrisa
de su alma tierna.

No se avecina
negra tormenta,
solo hay vaivén
y espera eterna
en sus zapatos
de verde hierba
y en su cintura
de primavera.

Fuera del orbe
de sus piruetas,
juega el horror
juegos de guerra
en el columpio
de su trinchera

y esparce hiel
de fría pena.

Pero la niña
salta risueña.
La vida, toda,
cabe en su cuerda.

40

MELANCOLÍA

Chorros de plata licuada
en bandejas de tormento,
en bateas de desdicha,
resquebrajan sentimientos.

La tarde sin su arcoíris,
con pátinas de desvelos
tiende su urdimbre de nácar
en los picos cenicientos.

Y el corazón se desborda
por las cimas de los cerros
con hendeduras de angustia
donde se oculta el anhelo.

Un jilguero se desploma
en los pozos del recuerdo.
Sus alas caen abatidas
bajo el tenebroso cieno.

Y una triste melodía
de heladas palpitaciones
rocía las emociones
de leve melancolía.

41

SE FUE

Se fue
de puntillas y en silencio,
hilvanando entre las nubes
palabras que no nacieron,
promesas de siemprevivas,
que en el aire se rompieron.

Se fue
sin reproches ni lamentos,
con el viento a su favor
y atrás dejó el desaliento
de mil noches de agonía
y mil días de tormento.

Se fue
bajo cirros cenicientos,
sobre lodosos estigmas
de falsos requerimientos,
de vagas incomprensiones,
de conjuros traicioneros.

Se fue
a las claras escondiendo

entre espinas de quebranto
la pasión que consumieron.
¡Ni una lágrima regó
la sequedad de sus sueños!

Ella no salió a buscarlo.
Él no amagó su proceso.
Y Amor se fue evaporando
por los poros del sendero.

42

EL ÁRBOL DEL AMOR

Debajo del árbol
de frondosa copa,
el niño y la niña
de azul y de rosa,
con risa inocente,
saltan a la comba.
Se tiñe el paisaje
de voces canoras,
de cándidas chispas,
de vírgenes notas,
y su alegre canto
la tarde enamora.

A la rueda, rueda
y a la pata coja,
de los calendarios
se caen las hojas.

Debajo del árbol
de frondosa copa,
dos núbiles chicos
las manos se rozan

y un leve suspiro
de sus almas brota.
Se estremece el cielo,
de azahar se orla,
de almendros en flor,
de blancas begonias,
y un halo de luz
la tarde enamora.

A la rueda, rueda
y a la pata coja,
de los calendarios
se caen las hojas.

Debajo del árbol
de frondosa copa,
la joven pareja
enlaza sus bocas,
en un beso ardiente,
de ardientes corolas,
de claveles rojos
y amapolas rojas,
sellando con fuego
del amor su historia,
y un dulce latir
la tarde enamora.

A la rueda, rueda
y a la pata coja,
de los calendarios
se caen las hojas.

Debajo del árbol
en su mustia copa,
el amor asciende,
el amor corona
los dos corazones,
que al ocaso asoman,
y el otoño ocre
de hojarasca rota
arrulla en sus brazos
la brisa que sopla,
cuya serenata
la tarde enamora.

A la rueda, rueda
y a la pata coja,
de los calendarios
se caen las hojas.

El árbol desnudo
de esmeraldas hojas
cobija callado

al hombre que llora
y que a solas vela
la gélida losa,
bajo cuyas alas
de brumas remotas,
la mujer amada
yace entre las sombras
y un triste silencio
la tarde enamora.

A la rueda, rueda
y a la pata coja,
de los calendarios
se caen las hojas.

Llegó ya el invierno,
seca está la copa.
La vida no sigue,
la vida se corta.
Y bajo la tierra,
en las frías fosas,
dos cuerpos se unen
con raíces hondas
y el amor eterno
la tarde enamora.

A la rueda, rueda
y a la pata coja,
en los calendarios
ya no quedan hojas.

43

MORIR EN TI

Morir entre tus brazos yo quisiera
esta tibia madrugada impura,
rozar tu piel, subir por tu cintura
hasta estrecharme
y confundirme a ritmo lento
con los poros que limitan tu figura.

Coger tus manos, saber que nos tenemos:
¡fuera de ti no hay mayor holgura!
Solo tus ojos por norte de mi cuerpo,
solo tu luz en mares de dulzura.

Besar tu boca y perderme en su laguna
de besos imposibles y deseados.
¡Y que se pare el tiempo y su fortuna!
Después de ti, amor, ya no hay remanso.

44

UTOPÍA A LAS 14:30 DE UN EXTRAÑO AGOSTO

Algún día
brillará el sol
traspasando con visos lustrados
densos cirros de desolación.

Algún día
luciérnagas de fe
vaciarán de desconsuelo
los huecos bolsillos del náufrago.

Algún día
alcuzas de justicia
alumbrarán rincones de quebranto
por las grietas amables de lo humano.

Entonces,
el corazón callado desplegará
estrellas por el orbe infinito
de las miradas muertas.

Entonces,
sonreirá Munch, y su grito
dormirá inerte y sin angustia
en la caja cerrada de Pandora.

Algún día
el verde candil de la esperanza
iluminará las cavernas tóxicas de la ignominia.
¡Algún día!

45

SOÑABA LA NIÑA

(A Rosa, ramillete de encanto y dulzura)

Soñaba la niña,
soñaba despierta.

Sus ojos de ensueño
buscaban la puerta
de islas de magia,
de embrujadas tierras,
de un mundo ilusorio
donde las quimeras
de arcilla sensible
y de arena etérea
en mármol ebúrneo
volverse pudieran.

En bellos palacios,
en lindas princesas,
en cisnes translúcidos,
en hadas risueñas,
en pavos reales
con plumas de seda,
en nimbos de nácar,
brocados de perlas,

cabalga su mente,
su mente viajera.

Y entre los celestes
de la zarca esfera,
y entre los zafiros
de la mar serena,
y entre los añiles
de lienzos de cera
la niña soñaba,
soñaba despierta
con el dulce príncipe
el de azul silueta,
quien en la mirada
su vida se lleva
hacia territorios
de garza pureza
en ríos de índigo
y lagos turquesas.
Y el amor de azur
en sus ojos reina.

Soñaba la niña,
soñaba despierta.

46

CÓRDOBA TAÑE CAMPANAS

*(En recuerdo de mi hermana Rafaelita, que nos dejó huérfanos de
su amor y de su alegría una triste mañana de mayo)*

Córdoba tañe campanas
de dolor y de tristeza.
¡Nunca más verá tus ojos
de caramelo y de menta!

Ni Julio Romero pudo
reflejar tanta belleza
cuando con arte pintó
a la mujer cordobesa.
Pues eras morena tú
de luna, sol y de estrellas
con esencias de tomillo,
albahaca y yerbabuena.

Que no ha nacido pintor
en un lugar del planeta
que acierte a perfilar
esos ojos de agarena.
Ojos de dulce aguamiel,

que enlucían las aceras
de tu Córdoba la llana,
¡tan galana y tan torera!

Ni habrá color en el mundo
ni habrá matices ni ceras,
que tu mirada profunda,
de manzanilla y de seda,
puedan plasmar con acierto
en óleo o en acuarela,
mirada que engalanaba,
como relucientes gemas,
la Plaza de las Tendillas
al son de sus castañuelas.

Pinceles no existirán,
que de tu piel recogieran
la frescura y el misterio
de las noches abrileñas,
noches de limón jugoso,
de jugosa madreselva,
de peregrinos amores,
escalando enredaderas
en la calle de Los Tintes
y en la alegre Corredera.

No ha de nacer quien modele
tu donaire y tus maneras
ni el duende de tu cintura
en siglos que sucedieran.
Ni tu boca de amapola
de amplia sonrisa abierta,
que seguiriyas bailaban
cuando con sal la movieras.

Ya no pasearán las calles
ni pisarán las callejas
esos pies de arrobo y vida,
tus pies de arrebato y pena,
que acariciaban el suelo
con sus seductoras teclas,
cautivando corazones
allí donde los pusieras.

Y lloran por las esquinas
y gimen por la Ribera
los geranios de los patios,
las flores de las plazuelas,
de la Mezquita el naranjo,
del Bulevar la azalea,
del Alcázar los cipreses,
de la Victoria palmeras,
de la Medina los mirtos

y de la Merced la adelfa,
¡y el río Guadalquivir
se vacia sin tu presencia!

Córdoba tañe campanas
de dolor y de tristeza.
¡Nunca más verá tus ojos
de caramelo y de menta!

47

DESOLACIÓN

Giró el semicírculo.
Borró su sonrisa.
Lucha encarnizada
en la esfera herida.

Entecos los cuerpos,
la mirada ida.
Ni el fruto del árbol
ni la tierra viva
llenaban sus venas,
huérfanas, vacías.
El hambre voraz
al niño comía;
el silencio amargo,
su fiel compañía.

El campo oxidado,
la industria dormida,
un hombre sonámbulo,
el neón le avisa.
El descanso espera,
la cama vacía.
La puerta cerrada,
la ilusión perdida.

De cristal sus ojos
lanzaban diatribas
y la bala rasa
volaba perdida.
Un misil certero
sesgaba las vidas.
Y míseros niños
sin sueños huían
por los pasadizos
de la noche fría.

Cabalga en el aire
la vil injusticia
mientras vaga el hombre
entre la inmundicia,
que siembran inmundos
con manos indignas.

Giró el semicírculo.
Borró su sonrisa.
Lucha encarnizada
en la esfera herida.

48

PORQUE SÍ

Porque sí,
porque la luz sus rayos engrandece
y juegan en el cénit sus colores
si pasas tú y fijas la mirada.

Porque sí,
porque la rosa exhala más fragancia
y embriaga el horizonte con su aroma
si pasas tú y aspiras la mañana.

Porque sí,
porque el sabor a menta del verano
de plenitud corona adversos días
si pasas tú y sorbes la añoranza.

Porque sí,
porque los ecos del tornado son
cadencias de excelsas melodías
si pasas tú y aprecias su tonada.

Porque sí,
porque la piel se pone boca arriba
a tu contacto en alas extendidas
si pasas tú y acaricias bruscas ramas.

Porque sin tus vaivenes por mi vida,
perdida y sola mi alma fugitiva
sombra será de la vacía nada.

Porque sí.

49

EL PATIO

¡Mira cómo luce el patio
con su placentera sombra!

Rico mosaico irisado
de verdes, blancos y rosas,
de naranjas y violetas
y de gitanillas rojas,
que cuelgan por las paredes,
como perlas seductoras,
como esmaltados lunares
de vivas batas de cola,
y resbalan por el alma
de la nacarada losa.

****

En el centro, los suspiros
del pozo, que se desbordan
desde su íntimo anhelo
hasta el brocal de su boca,
evocaciones de antaño,
enredados en las olas,

que el cubo en su vaivén
levanta envuelto en trovas
y en fragancias de las plantas
que rejas de amor adornan.

****

En el rincón de la estancia,
una bella joven borda
en el bastidor de sueños
dulces sueños de amadora,
sueños que quedan colgando,
como marfileñas borlas,
en las columnas de mármol
y en ventanas de caoba
del patio que la vigila
y la mece con sus hojas.

****

Una guitarra dormida
en la vieja mecedora
guarda de alegría arpegios
y de nostalgia las notas,
que corren por sus costados

en melancólicas coplas
y en cantes por soleares,
por seguiriyas muy 'jondas',
por peteneras sombrías
y martinetes de forja.

Hasta los mantones mueven
sus flecos de seda hermosa,
mientras los pavos reales,
los claveles y amapolas
bailan al compás del aire,
danzan entre las farolas,
que siembran con sus destellos
en las macetas salmodias
y la tarde cordobesa
bajo su palio se arropa.

¡Mira cómo luce el patio
con su placentera sombra!

50

CUANDO LA VIDA PASA

"Porque el deseo es una pregunta,
cuya respuesta nadie sabe"
Luis Cernuda

Cuando la vida pasa y no sientes su aroma,
que la tormenta huraña se lleva entre sus sombras
a las ignotas tierras de los desheredados…,

cuando la vida pasa en el letal silencio
de su fluir diario por campos de misterio
y no suenan violines en la dormida estancia…,

cuando la vida pasa en frenesí de marcha
y no te deja ojos para mirar el alba
ni los cromados lienzos de un campo de alhelís…,

cuando la vida pasa y arrastra en su transcurso
el tacto de los sueños insomnes y difusos,
que ya no han de anidar en el estío garzo…,

cuando la vida pasa y te arroja a la cuneta
de aquellas tardes pardas y lunas cenicientas,
vagando entre memorias perdidas en la distancia…,

cuando la vida, en fin, despeina tus posibles
y el viento sopla fuerte y corta las raíces
que férreas se agarraban al centro del sentir,

en soledad profunda impulsos van trepando
por las cavernas angostas del delirante andar
y sordos y mortecinos, inciertos y asfixiados
en surcos de agonía se vienen a aferrar,
cual musgo disidente, rebelde y enconado,
a carcomidos muros de piel, de carne y cal,
donde furiosas rompen en hondo desaliento
las punzantes corrientes ocultas del deseo.

51

NOCTURNO

La ciudad se duerme,
la ciudad se apaga
entre tonos grises
de ceniza parda,
de bordes oscuros
y plomiza alma.
Anodina y mustia,
la ciudad descansa
sobre los cimientos
del día que acaba.

Sombría y monótona
la lluvia la baña
con el tintineo
de su oscura nana.

La luna a su lado
pronto se levanta.
De amarillo límpido
viste la ventana,
regando de luz
a la bella dama,
que cuida en silencio
su ilusión temprana

en brazos de nieve
y en sábanas blancas.

Su voz amarilla,
su amarilla cara,
su ocre sonrisa,
su ámbar mirada
alborean la noche
con tulipa áurea.
¡De ensueño se enciende
su boca dorada!

Y en el contrapunto
de la sombra pálida,
la dama enardece,
la ciudad se apaga.

52

A PESAR DE NOVIEMBRE

A pesar de noviembre,
el silencio no anida en las hojas que caen,
ni se desgajan perladas las gotas sobre el estanque.

A pesar de noviembre,
esplendorosa la luz llena de vida el paisaje,
arcoíris que matiza los colores otoñales.

A pesar de noviembre,
aún cantan los ruiseñores serenatas memorables
sobre los álamos grises y ocres alcornocales.

A pesar de noviembre,
nace el amor candoroso de la hojarasca exultante,
adorno de la campiña con su fugaz y ágil baile.

A pesar de noviembre,
retoñan las ilusiones y los sueños impalpables,
en nubes van enmarcados con suspiros de diamante.

A pesar de noviembre,
despiadada la tristeza hoy no contamina el aire
y las esperanzas vuelan buscando puertos de amarre.

A pesar de noviembre,
se desliza entre las sombras de una noche negra y grave
un fanal de día eterno y de edenes terrenales.

A pesar de noviembre,
muere la melancolía en la mansa y dulce tarde.
¡A pesar de noviembre!

53

CASIDA DE LA NOCHE ESPERADA

Una noche y otra noche
y hasta de madrugada,
yo te esperaba.

Te esperaba
sentada en el estribo de mi sorda soledad,
apasionada.

Te esperaba
perdida en la arena de los sueños,
ilusionada.

Te esperaba
en el delirio de una noche de deseo
no colmada.

Y, apoyada en el borde del abismo,
yo te esperaba.

Pero la noche pasaba
y moría la esperanza.

Dolía el dolor de tu ausencia,
dolía el dolor de la añoranza
y dolía el cuchillo de la desesperanza.

145

Y una noche y otra noche
y madrugadas,
yo te esperaba.

54

QUE HABLE EL SILENCIO

Podría decir tantas cosas...,
en prosa o quizás en verso
con sabores de arpa olvidada,
con aromas de mirra y eneldo.

Podría decir tantas cosas…
Pero, no, hoy no, ¡no quiero!
Deseo que estas palabras,
grabadas con tu nombre a fuego,
queden solo para mí,
pueblen todo mi universo.
Que nadie, ni siquiera tú,
pueda llevarse su aliento,
que quiero a solas gozarlas
y sentirte en su recuerdo.

Mañana, tal vez mañana,
vuelen raudas a tu encuentro.
Pero no, hoy no, ¡no quiero!
Prefiero que hable el silencio.

55

QUINTILLAS DE PIE FORZADO

La ilusión se desvanece
si tus ojos no me miran
y ya el dolor aparece
y el alma se me entristece
si tus labios no suspiran.

Y no encuentro el elemento
que dé sentido a mi vida.
Por eso yo me lamento,
mi tristeza va en aumento,
mi vitalidad, perdida.

¿Cómo, entonces, mudaré
en alegría mi pena?
¿Cómo, dime, lograré
abolir esta condena,
prisión donde moriré?

Y con esta pena abierta
está el corazón dolido,
mi oriente, desconocido,
desconocida la puerta
y mi futuro, escondido.

56

ALLÍ

Allí,
desde la colina,
como un Fermín de Pas
sin soberbia, sin orgullo.

Rendida,
como la ciudad al Tibidabo.

Protegida
por la brisa que emanaba de éste.

Mis ojos en el mar,
mi corazón en gracia.

Allí
alcancé la plenitud un día cualquiera
de un caluroso mes de verano.

57

TARDE DE ENSUEÑO

Tarde de ocio.

No llueve. Ocasionalmente no llueve.

Un sol de justicia
amarillea los campos
y relucen con más fuerza las amapolas,
poblando de belleza juanramoniana el paisaje.

Tarde de ocio.

Las cinco de la tarde.
Sin cogidas ni sangre derramada,
sin toriles y sin penas.
Las cinco de la tarde.

Dentro
la música inunda con sus sones
una a una las aristas del salón.
"Yo no te pido una estrella azul",
dice el cubano.
"Yo no te pido lo imposible",
grita mi corazón.

Tarde de ocio.

Ocasionalmente no llueve.
¡Tarde para el ensueño!

58

EL CONTESTADOR

Una voz fría, inerte, metálica responde.
Antes un ruido comercial,
un sonido estudiado,
un rugido musical
anuncia
la incomunicación total:
el mundo de hoy
presente en sus avances.
No sociedad.
No comunidad.
No diálogo.
Mutismo.
Inquietud.
Una voz fría, inerte, metálica responde.

Y yo…, silente.

59

RESPONSO A ALBERTI

Adiós, Rafael, ¡amigo!,
al fin podrás galopar
en pegasos muy veloces
hasta la orilla del mar.
Allí pececitos verdes
y palomas de la paz
serán grata compañía
en la azul inmensidad.

Y cantarás tus coplillas,
las de Panadero, Juan,
y sin peligro en Roma
seguro caminarás
con Federico, tu hermano,
que te venga a acompañar
al son de bellas canciones
y cantos del Paraná.

Con él irás a Granada,
en Granada entrarás;
sin perderte en arboledas,
sus calles recorrerás.
Y aspirarás su belleza,

respirarás libertad,
olvidando sinsabores,
recobrando la verdad,
disfrutando la poesía
por toda la eternidad.

¡Que los angelitos buenos
te guíen en el más allá!

60

TARDE DE LLUVIA

> *"Es una tarde cenicienta y mustia…"*
> A. Machado

Domingo.
El día ya se consume.
La lluvia arrecia tras la ventana.

Domingo.
Y va llegando la noche.
Las tareas, acabadas.

Domingo.
Un día más que se muere,
pero nace la esperanza.

Llueve.
Siguen tus ojos clavados
en el fondo de mi alma.

Llueve.
Esas gotas que descuelgan
de las farolas mojadas,
no son, amor, de tristeza.

Llueve.
El corazón se me enreda
en palabras pronunciadas,
que no se las lleva el viento
ni la lluvia las arrastra;
viajeras del norte al sur,
de tu boca a mis entrañas,
se adueñan de mi universo,
lo horadan y lo traspasan.

Llueve.
La añoranza de tu voz,
la ausencia de tu mirada
pueblan mi monotonía
esta tarde fría y lánguida.

61

TORPEZA

> … *"lo que pasa es que te quiero"*.
> (Gloria Fuertes)

A veces soy tan torpe
que se me escapan los besos
de los dedos.

A veces soy tan torpe
que, por mirar el mar,
yo piso el suelo.

A veces soy tan torpe
que, al caminar, confundo
los senderos.

A veces soy tan torpe
que las palabras se inundan
de silencio.

A veces soy tan torpe
que no encuentro las palabras
que transmitan lo que siento.

Porque a veces, amor, yo soy tan torpe
que solo sé decir: "Te quiero".

62

SINFONÍA DE COLORES

Sinfonía de colores
al despuntar la mañana.

Rojo, blanco, rosa, lila…,
¡acordes de sinfonía!

Se dan la mano cantando
gitanillas con geranios.

Lila, púrpura, naranja…
iluminan la ventana.

Tras el cristal, una niña
teje su trenza ambarina.

Naranja, blanco, ambarino…,
la estancia llenan de brillo.

Huyen sus ojos fulgentes
por los espacios agrestes.

Ambarino, blanco, azul…,
en toda su plenitud.

Claveles y clavelinas
miran su cara divina.

Azul, blanco, malva, rosa…,
irisando mariposas.

Y su mirada clavada
en la Sierra de La Lastra.

Rosa, rojo, azul y gris…,
baladas de colibrí.

Y trepan las madreselvas
por las silenciosas rejas.

Gris, morado, rosa, verde…,
en el aire de poniente.

El embrujo de la tierra
de su sangre se apodera.

Verde, rosa, encarnado…
en el alféizar lustrado.

Del sutil misterio el aura
eternamente en su alma.

Sinfonía de colores
al despuntar la mañana.

MILAGROS JIMÉNEZ HIDALGO (Luque, Córdoba), antequerana de adopción, posee una sólida formación académica y literaria (licenciada en Filología Románica por la Universidad de Granada y profesora agregada por oposición de Lengua y Literatura española) y una larga experiencia docente en Educación Secundaria. Conoce, por tanto, a los autores clásicos y modernos y los recursos técnicos y literarios que sustentan sus creaciones. Ha promovido y dirigido la revista *Licántropo*, en la que ha publicado artículos y poemas. Ha colaborado en el volumen colectivo *Cartas ejemplares (2009)* sobre el I.E.S Pedro Espinosa de Antequera, con motivo del 75 aniversario del centro y, en 2013, vio la luz su primer libro de poemas y relatos, *Luque: reflejos del ayer,* que tuvo una magnífica acogida. Desde 2013 viene publicando sus poemas y relatos en un blog de internet, *Entretenerse por el camino* (https://entre52.blogspot.com/), donde recoge, texto a texto, su producción literaria. A través de ella, filtra sus sensaciones de los acontecimientos que van dejando huella en su vida y en su modo de ver y concebir el mundo.